평범한 우리 어린이들을 다음 세대
위인으로 만들어 줄 교과서 위인 이야기!
효리원의 교과서 위인 이야기는 초등학교
교과 과정에 나오는 국내외 위인들을, 우리나라
최고 아동 문학가 53인이 재미있게 동화로 구성했습니다.
지혜와 용기로 위대한 삶을 산 위인들의 이야기는,
어린이들의 마음속에 '나도 할 수 있다.'는
희망의 씨앗을 심어 줄 것입니다!

일러두기

1. 띄어쓰기와 맞춤법 : 초등학교 국어 교과서와 국립국어원의『표준국어대사전』을 기준으로 하였습니다.
2. 외래어 지명과 인명 : 국립국어원의『외래어 표기 용례집』을 기준으로 하였습니다.
3. 이해가 어려운 단어 : ( ) 안에 뜻풀이를 하였습니다.
4. 작가 연보 : 연도와 함께 나이를 표기하고, 업적을 간략히 소개하였습니다. 우리나라 위인은 태어난 해를 한 살로 하였고, 외국 위인은 만 나이를 한 살로 하였습니다. 정확한 자료가 없는 위인은 연도와 업적만을 나타냈습니다.
5. 내용 구성 : 위인의 삶은 역사적 자료를 바탕으로 최대한 사실적으로 구성하였습니다. 그러나 읽는 재미를 위해 대화 글이나 배경 묘사, 인물의 감정 표현 등에 작가의 상상력을 가미하였습니다.
6. 그림 구성 : 문헌을 바탕으로 위인이 살던 시대를 충실히 나타내도록 하되 복식의 색상이나 장식, 소품, 건물 등은 작가의 상상으로 그렸습니다.
7. 내용 감수 : 각 분야의 전문가들로 구성된 편집 위원들이 꼼꼼히 감수를 하였습니다.

편집 위원

김용만(우리역사문화연구소장)
교과서에서 만나는 위인들을 중심으로 일화와 함께 그림과 사진을 곁들여 지루하지 않게 읽을 수 있습니다. 술술 읽다 보면 학교 공부에도 많은 도움이 될 것입니다.

신현득(동시인, 전 새싹회 회장)
우리가 자주 듣고 접하는 역사 속 실존 인물들이 자신의 꿈을 이루기 위해 어떻게 노력했는지 깨달아 가면서 우리 어린이들은 한층 더 성숙해질 것입니다.

윤재운(동북아역사재단 연구 위원)
위인전을 읽으면서 어린이들은 시대를 넘어 간접 체험을 할 수 있습니다. 어떻게 살아야 하는지 인생에 대한 동기 부여와 함께 삶이 보다 풍요로워질 것입니다.

이은경(철학 박사, 전북과학대 유아교육학과 교수)
한 사람의 인격과 품성은 어릴 때 형성됩니다. 따라서 초등학교 저학년 때 어떤 책을 읽느냐에 따라 생각의 크기가 달라집니다. 어린이의 미래를 위해 이 책은 꼭 읽어야 합니다.

이창열(하버드 물리학 박사, 전 국가과학기술자문회의 전문 위원)
세상을 바꾼 위대한 인물의 이야기는 어린이의 인성 및 감성 발달에 큰 영향을 미칠 뿐 아니라 실험 정신과 개척 정신을 길러 줍니다. 용기와 지혜로 세상을 헤쳐 나가는 당당한 어린이를 꿈꾼다면 이 책은 꼭 한번 읽어 보아야 합니다.

정재도(한글학자)
위인으로 일컬어지는 이들은 어떤 생각을 하고, 어떤 삶을 살았을까요? 그들의 흔적을 담은 위인전은 복잡한 현대를 이끌어 갈 우리 어린이들에게 나침반과 같은 역할을 할 것입니다.

조수철(서울대학교 의과대학 소아정신과 교수)
위인전은 시대와 신분, 업적이 다른 위인들의 삶이 다양하고 흥미롭게 구성되어 있어 손쉽게 여러 삶의 모습을 만날 수 있습니다. 용기 있게 고난을 헤쳐 나간 위인의 이야기를 통해 삶의 지혜를 배울 수 있을 것입니다.

우리 생활을 편리하게 해 준

인류 최고의 발명왕

에디슨

심후섭 글 / 정선경 그림

효리원
hyoreewon.com

이 책을 읽는 학부모님과 선생님께

과학자들의 앞선 생각이 우리 생활을 크게 발전시켜 왔습니다. 지질학적 자원이 부족한 우리나라에서는 과학 교육이 특히 중요합니다. 현재 우리나라도 여러 과학 분야에서 세계적인 성과를 거두고 있으나, 아직은 발전시켜야 할 영역이 훨씬 더 많습니다. 따라서 어려서부터 과학자에 대한 이야기를 통해 과학적 소양을 길러 주어야 하겠습니다.

이를 위해서는 첫째, 여러 과학자들을 비교하여 읽도록 해야 합니다. 각 과학자들은 어느 분야에 관심을 가지고 있었으며, 그 업적은 사회에 어떤 도움을 주었는지 이해시켜야 합니다. 과학의 역사를 체계적으로 이해해야 앞으로의 방향도 이해할 수 있기 때문입니다.

둘째, 시대적 배경을 함께 이해시켜야 합니다. 과학의 발명은 그 시대의 요구와 깊은 관련이 있습니다. 에디슨도 산업화 시대로의 진입 등 여러 가지 시대적 배경으로 인한 발명의 필요성을 깨달아 여기에 잘 대처했다고 볼 수 있습니다.

따라서 관련 있는 역사책을 함께 읽도록 해야 균형 있는 시각을 길러 줄 수 있을 것입니다.

셋째, 과학자들의 굽히지 않는 태도를 본받게 해야 합니다.

과학적 성과는 짧은 시간에 이루어지는 것이 아니라 오랜 실패 끝에 얻어지는 달콤한 열매라는 것을 이해시키고, 끈기와 집중력을 길러 주어야 합니다.

여러분의 학생과 자녀들이 크게 발전하기를 진정으로 바랍니다.

머리말

전등이 만들어지지 않았다면 우리는 캄캄한 밤을 어떻게 보냈을까요?

전화기가 만들어지지 않았다면 멀리 있는 그리운 사람들의 목소리를 들을 수 있었을까요?

에디슨은 우리 생활에 꼭 필요한 물건을 무려 1,093가지나 발명했습니다. 그 덕분에 오늘날 우리는 매우 편리한 생활을 할 수 있는 것입니다.

에디슨은 어린 시절 공부를 제대로 하지 못한다고 학교에서 쫓겨나기까지 했습니다. 그러나 에디슨은 실망하지 않고 부지런히 책을 읽고 연구한 끝에 마침내 발명왕이 되었고, 많은 사람들로부터 존경받는 사람이 되었습니다. 우리도 에디슨처럼 끝까지 포기하지 않고 노력하는 사람이 됩시다.

글쓴이 심후섭

차례

물은 어떻게 올라오나

에디슨이 초등학교에 들어가기 전의 일입니다.

에디슨은 궁금한 것이 무척 많았습니다.

어머니가 물을 긷기 위해 펌프질을 할 때마다 에디슨은 옆에서 들여다보며 이런저런 질문을 해 댔습니다.

"야, 물이 나오네! 물은 어떻게 올라오는 거예요?"

"땅속에는 물이 많아서 이렇게 펌프질을 하면 올라오지."

"그래도 그렇지, 물은 땅속에 있잖아요."

"펌프질은 우리가 빨대를 물고 우유를 빨아 당기는 것과 같

에디슨 | 알칼리 축전지를 발명한 이듬해인 1901년, 실험실에서 포즈를 취한 에디슨. 이때 에디슨의 나이는 54세였습니다.

은 역할을 한단다.”

“아, 그렇구나! 하지만 팔이 아프잖아요. 팔이 아프지 않게 할 수는 없나요?”

“글쎄, 네가 나중에 팔이 아프지 않게 만들어 주겠니?”

“네!”

“아유, 좋아라. 우리 앨이 엄마를 편하게 해 주겠구나.”

어머니는 얼굴 가득 웃음을 지었습니다.

가족들은 에디슨을 ‘앨’이라고 불렀습니다.

사람이 달걀을 품는다면

“앨, 이 모이를 닭들에게 갖다 주고 오렴.”

어머니가 앨에게 심부름을 시켰습니다.

“네, 어머니!”

앨은 모이를 받아 들고 닭장으로 달려갔습니다.

앨이 나타나자 닭들이 우르르 몰려왔습니다.

“자, 많이 먹어라.”

앨은 모이를 닭장 안으로 넣어 주었습니다. 그런데 어미 닭은 둥지에 앉아 좀처럼 나오지 않았습니다.

‘저 닭은 어디가 아픈가?’

앨은 살그머니 어미 닭에게 다가갔습니다.

그래도 어미 닭은 일어나려 하지 않았습니다.

“자, 너도 먹어.”

그러자 어미 닭은 마지못해 일어나 모이를 쪼았습니다. 앨은 그 틈에 얼른 둥지를 들여다보았습니다.

달걀이 소복이 들어 있었습니다. 살그머니 손을 대어 보니 따뜻했습니다. 앨이 달걀에 손을 대기가 무섭게 어미닭이 달려들었습니다.

“이크! 하마터면 손을 쪼일 뻔했네.”

앨은 얼른 물러났습니다.

“어머니, 어미 닭은 왜 달걀 위에 앉아 있는 거예요?”

“그건 달걀 위에 앉아 있는 게 아니라 달걀을 품고 있는 거란다.”

“왜요?”

“알을 따뜻하게 품어 주면 병아리가 깨어나거든.”

"우와! 이 알을 따뜻하게 해 주면 병아리가 된다고요?"

앨은 식탁 위에 놓여 있던 달걀을 집어 들고 외쳤습니다.

"그래."

"삐악삐악, 삐악이가 나온단 말이죠?"

앨은 좋아서 어쩔 줄을 몰랐습니다.

저녁때가 되었습니다. 가족들이 저녁 식사를 하기 위해 모였습니다. 그런데 앨이 보이지 않았습니다.

"앨! 앨! 저녁 먹자."

가족들이 이 방 저 방 뒤졌지만 앨은 보이지 않았습니다.

"여보, 도대체 앨이 어디로 사라진 거요?"

아버지가 어머니에게 물었습니다.

"혹시……?"

어머니는 앨이 어디에 있는지 알 것 같다는 표정을 지으며 헛간으로 달려갔습니다.

날이 어두워 헛간은 어두컴컴했습니다.

"앨! 너 여기 있지?"

“…….”

아무런 대답이 없었습니다.

“분명히 여기 있을 것 같은데…….”

“앨! 저녁 먹자. 가족들이 모두 기다리고 있어.”

그러자 구석에서 작은 목소리가 들려왔습니다.

“쉿! 엄마, 달걀이 놀라요.”

어머니가 소리 나는 곳으로 다가갔습니다.

“무얼 하고 있니?”

“알을 품고 있어요.”

“뭐라고?”

“알에서 깨어난 병아리가 저를 보고는 엄마인 줄 알고 졸졸 따라다니겠지요?”

앨은 달걀 다섯 개를 품고 있었습니다.

“아이고, 이 녀석아! 네가 21일 동안 계속 품고 있겠다는 거냐?”

어머니를 뒤따라왔던 아버지는 어처구니가 없다는 듯 고함

을 질렀습니다.

"네에? 21일이나요?"

"그래, 그것도 알을 굴려 가며 품어야 한단 말이다.

또, 어미 닭 품속만큼 따뜻하게 품어야 하고.”

앨은 품고 있던 달걀을 슬그머니 만져 보았습니다.

“으음, 온도를 더 높여 주어야겠네. 양털을 덮어 주면 되겠지? 그런데 품고 있으면서도 달걀을 굴려 주어야 한다니, 이건 어떻게 하지?”

앨은 연신 중얼거렸습니다.

“이 녀석아, 그만 중얼거리고 가서 밥이나 먹자.”

아버지가 앨을 끌어당겼습니다. 그 바람에 그만 달걀 하나가 깨지고 말았습니다.

“으앙! 우리 아기 깨져 버렸잖아요.”

“허, 그것 참…….”

이때 잠자코 있던 어머니가 나섰습니다.

“여보, 아이가 궁금해하는데 막무가내로 끌고 가면 어떻게 해요.”

어머니는 앞치마로 깨진 달걀을 닦아 주었습니다.

그리고 옷에 붙어 있는 검불(가느다란 마른 나뭇가지, 마른 풀,

낙엽 따위를 통틀어 이르는 말)도 털어 주었습니다.

'아무래도 이 녀석은 남다른 데가 있어.'

아버지는 고개를 흔들었습니다.

어떤 물건이 잘 팔릴까?

앨은 가끔씩 집 앞으로 달리는 마차를 재미있게 바라보곤 했습니다.

사람들은 그 마차를 '초원의 돛단배'라고 불렀습니다.

푸른 풀밭 위로 흰색 천을 씌운 마차가 떼를 지어 달려 그렇게 부르는 것이었습니다.

"저 마차들은 어디로 가는 거예요, 어머니?"

"응, 멀리 캘리포니아라는 곳으로 간단다."

"무엇을 하러 가요?"

"금을 캐러 가는 거야."

"금은 어떻게 캐는데요?"

"땅속으로 파 들어가기도 하고, 채로 모래를 거르기도 하지."

"전부 사람의 힘으로 하는 거예요?"

"그럼."

"기구는 없나요? 금을 쉽게 캘 수 있는 기구를 만들면 사람들이 좋아할 텐데."

앨은 골똘히 생각에 잠겼습니다.

"그런데 저 마차들은 왜 바퀴 소리가 저렇게 요란할까요? 조용하면 더 좋을 것 같은데."

앨은 어머니가 빨래를 널기 위해 일어선 것도 모르고 혼자서 계속 중얼거렸습니다.

"캘리포니아라고? 나도 그곳에 가 보고 싶다. 하지만 여기서도 사람들이 잘 사 가는 물건을 만든다면 돈을 많이 벌 수 있을 텐데, 왜 먼 곳까지 가는 거지?"

앨은 어떤 물건을 만들어야 사람들이 좋아할까 하는 생각에 빠져 해가 지는 줄도 몰랐습니다.

고장 나지 않는 기계는 없을까?

앨의 아버지는 널빤지를 만드는 제재소에서 일하는 분이었습니다. 제재소 근처에는 배를 만드는 조선소도 있었습니다. 어린 앨은 곧잘 제재소와 조선소에 가서 이것저것 궁금한 것을 묻곤 했습니다.

"아저씨, 이 기계는 너무 시끄러워요. 소리를 작게 할 수는 없나요?"

그럴 때마다 사람들은 앨에게 시원한 대답을 못해 주고 쩔쩔맸습니다.

"아이고, 앨 녀석이 나타났군. 녀석의 질문에 대답해 주려면 목 좀 아프겠는걸."

"못 들은 척하고 일만 하세."

앨이 나타날 때마다 공장 사람들은 긴장을 했습니다.

그때 마침 둥근 톱날을 돌리는 기계가 멈추고 말았습니다.

"또 고장이로군!"

공장 사람들은 기계를 고치느라 기름 범벅이 되었습니다.

"또 멈추었나요? 지난번에는 무엇 때문에 멈추었지요?"

"……."

"지난번에 왜 고장이 났는지 알아냈다면 이번에는 그 부분을 먼저 살펴보면 되잖아요."

"지금 보고 있다."

"소리만 들어서는 모르나요? 그걸 모두 뜯으려면 힘들잖아요."

"그래도 열어 봐야 해."

"고장나지 않도록 만들 수는 없나요?"

키네토스코프 | 에디슨이 발명한 영사기. 영상과 동시에 음성, 음악이 함께 나오는 기계로, 이로부터 영화가 생겨났습니다 .

"아이고, 좀 조용히 해라. 너만 오면 네 질문에 대답하느라 기운이 쪽 빠져요."

"하하하, 아저씨 바보!"

앨은 아저씨를 놀려 대며 달아났습니다.

"요 녀석이! 허허허……."

아저씨들은 재치 있는 앨을 귀여워했습니다.

새로운 생각은 왜 필요한가

"이 마을에도 철도를 놓아야 합니다."

"안 됩니다. 일감이 줄어들어요."

이 무렵 미국은 기찻길을 닦느라 나라 전체가 분주했습니다. 앨이 살고 있는 마을 역시 철도 문제로 떠들썩했습니다. 마을은 커다란 호수 옆에 자리잡고 있어서 대부분 배로 물건을 나르고 있었습니다.

"기차가 들어오면 우리 마을에 드나드는 배가 줄어들 것이고, 그러면 우리 마을의 일거리도 줄 것입니다. 저는 반대합니다.”

“그렇지 않습니다. 앞으로는 기차가 있어야 해요. 여러분, 철도가 놓여야 우리 마을이 발전할 수 있습니다!”

앨의 아버지는 철도가 놓여야 한다고 열심히 주장했지만, 반대하는 사람이 더 많았습니다.

결국 기찻길은 다른 마을에 놓이게 되었습니다.

"더 발전할 수 있는 마을로 가야겠다. 기찻길이 놓이는 이웃 마을로 이사를 가자."

"좋아요, 아버지! 저는 더 넓은 세상을 보고 싶어요."

앨은 폴짝폴짝 뛰면서 좋아했습니다.

마침내 앨의 가족은 이웃 마을 휴런으로 이사를 했습니다. 그곳은 다섯 개의 커다란 호수가 내려다보이는 언덕에 자리 잡고 있었습니다.

앨의 아버지는 방이 열

개나 되는 집을 짓고, 전망 탑도 세웠습니다.

"아버지, 왜 방을 이렇게 많이 만드셨어요?"

"앞으로 기찻길이 놓이면 손님이 많이 올 거야."

"아, 그러면 우리 집에 묵게 하고, 저 탑에도 올라가게 하려고요?"

"그래, 호수를 보러 오는 손님이 많을수록 우리는 더 많은 돈을 벌 수 있을 거야."

"정말 좋은 생각이에요!"

앨은 손뼉을 쳤습니다.

앨의 아버지는 손님들에게 25센트씩 받고 탑에 올라가 구경을 하도록 해 주었습니다.

돈을 받는 일은 앨이 맡았는데, 탑에 올라갔다가 내려오는 사람들이 이렇게 중얼거리는 것이었습니다.

"삐걱거리는 소리가 나서 좀 불안한걸."

"호수 건너편 산이나 숲도 보이면 좋을 텐데……."

사람들이 하는 말을 유심히 듣고 있던 앨은 곧장 아버지에

게 달려가 말했습니다.

"아버지, 탑에 망원경을 달아야겠어요. 그리고 계단에 고무를 끼워 삐걱거리는 소리도 없애고요."

"그것 참 좋은 생각이로구나!"

"어머나, 그런 생각을 왜 못했지? 어서 앨 말대로 해요."

어머니도 앨의 의견에 찬성했습니다.

아버지는 앨이 말한 대로 망원경을 달고 계단을 손질했습니다. 점점 더 많은 사람들이 앨의 집으로 몰려들었습니다.

"대성공이로구나!"

앨의 부모님은 늘어나는 사람들로 싱글벙글했습니다.

선생님, 대답해 주세요

휴런 마을로 이사를 온 지 일 년이 지났습니다.

앨은 여덟 살이 되어 초등학교에 입학했습니다.

선생님은 열심히 읽기와 쓰기를 가르쳐 주었습니다.

그때, 열어 놓은 창문으로 봄바람이 살랑살랑 불어 들어왔습니다. 꽃향기도 풍겨 왔습니다.

"선생님, 바람은 어디에서 불어오나요?"

"남쪽에서 불어오지."

"왜 남쪽에서 불어와요?"

"봄이니까."

"어째서 봄이면 남쪽에서 바람이 부나요?"

"그건……."

선생님은 슬슬 짜증이 났습니다.

"그만 질문하고 이제 책을 읽자. 알겠니?"

선생님은 대답하기에 지쳐 화를 버럭 냈습니다.

"그렇지만 선생님, 전 아직도 궁금증이 안 풀렸어요. 어째서 봄바람은……."

"얘가……. 지금은 읽기 공부 시간이야. 쓸데없는 질문 그만 하고, 여기를 한번 읽어 봐!"

선생님은 아직 배우지도 않은 곳을 가리켰습니다.

앨은 말이 탁 막히고 말았습니다.

"앨 이 녀석, 이것도 못 읽으면서 쓸데없는 질문이나 늘어놓다니!"

선생님은 교실 바닥을 발로 쾅 소리가 나게 굴렀습니다.

앨은 움칫 뒤로 물러났습니다.

‘학교에 가면 물어보고 싶은 것이 많았는데, 하나도 못 물어 보겠어. 난 알고 싶은 게 많은데…….’

이런 생각이 들자 앨은 갑자기 학교가 싫어졌습니다. 그래도 앨은 꼬박꼬박 학교에 갔습니다.

"이 녀석, 오늘도 이걸 못 읽는구나!"

선생님은 수업 시간이 되면 으름장부터 놓았습니다.

'선생님은 또 야단부터 치시네? 내가 질문하지 못하도록 막으시려는 거야.'

에디슨은 할 수 없이 물어보고 싶은 것을 공책에 그림으로 그렸습니다. 집에 있는 전망 탑도 그리고, 마차가 끄는 기차도 그렸습니다.

'전망 탑으로 가는 계단에서 나는 소리를 더 줄일 수는 없을까? 사람이 올라타면 계단이 저절로 움직여서 가만히 있어도 꼭대기까지 올라갈 수는 없을까? 기차도 그래. 지금 기차는 말이 끌고 가야 하는데, 그러면 말이 지친단 말이야. 저절로 굴러가는 기차가 필요해.'

이런 생각을 하다 보니 앨은 기분이 좋아졌습니다.

조금 전에 선생님으로부터 야단을 맞은 것도 잊어버리고 앨은 빙긋이 웃었습니다.

선생님은 화가 났습니다.

"아니, 이 녀석! 야단을 맞고도 웃다니, 안 되겠구나. 내일 어머니를 모시고 와라. 너는 학교에 다닐 수 없어!"

앨은 풀이 죽어 집으로 돌아왔습니다.

"어머니, 선생님께서 어머니를 모셔 오라고 하셨어요. 제가 아직 읽는 데 서툴러서 화가 많이 나셨어요."

"걱정하지 마라. 내가 선생님께 잘 말씀 드리마."

다음 날 아침, 어머니는 앨을 데리고 학교로 갔습니다.

"앨 어머니, 저는 더 이상 앨을 가르치지 못하겠어요. 머리가 너무 나빠요. 읽기도 전혀 못 하고요."

"선생님, 그렇지 않습니다. 우리 앨은 생각이 많아서 배우는 데 좀 느리지만, 무척이나 영리하답니다. 마음을 편하게 해 주면 분명히 또박또박 잘 읽을 거예요."

어머니는 선생님에게 앨의 특성을 말했습니다.

"아니, 그렇지 않아요. 계속 엉뚱한 질문만 할 뿐 제가 시키는 것은 전혀 따라 하지 않는군요. 앨은 머리가 너무 나빠 더는 가르칠 수 없어요. 이 아이 때문에 다른 아이들도 못 가르

친다니까요."

"그렇다면 할 수 없군요."

어머니는 앨을 데리고 집으로 돌아왔습니다.

"이제부터는 내가 네 선생님이 되어야 할 것 같구나."

"전 좋아요, 어머니!"

앨은 신이 나서 껑충껑충 뛰었습니다.

"야호! 이제 궁금한 거라면 무엇이든 마음 놓고 물어볼 수 있겠어요!"

학교에 가지 않고 엄마와 함께 공부하게 된 엘은 날아갈 듯 기분이 좋았습니다.

채소를 잘 가꾸려면

앨의 집 전망 탑을 찾는 사람들이 점점 줄어들었습니다.

"이 탑은 이제 너무 낡았어. 언제 무너질지 몰라."

"그러게 말이야. 조심해야겠어."

손님들은 이렇게 수군거렸습니다.

앨은 고개를 갸웃거렸습니다.

'우리 전망 탑에 올라가 구경하기보다는 배를 타고 직접 호수를 돌아보는 사람들이 더 많아졌어. 그러니 이젠 탑을 수리하거나 다시 만드는 건 소용없을 거야.'

앨은 아버지에게 자신의 생각을 말했습니다.

"아버지, 탑을 헐어 내고 그곳에 채소밭을 일구는 게 어떨까요? 호수 주변에 식당이 많이 생겨서 채소가 많이 필요한데, 모두들 다른 곳에서 싣고 와요."

"그렇구나. 하지만 우리 집은 언덕 위라 조금만 파 내려가면 바위가 나와 채소밭을 일굴 수가 없단다."

"흙을 더 가져오고, 물을 끌어오면 되잖아요."

"으음……. 그래, 좋다."

그날부터 앨의 가족들은 흙을 가져다가 뒷마당에 부었습니다. 그리고 널빤지로 홈통을 만들어 물이 흐르도록 했습니다. 그러자 뒷마당은 훌륭한 농장이 되었습니다.

앨은 날마다 밭에 나가 채소를 가꾸었습니다.

하지만 비가 내리자 호박이 열매를 맺지 못하고 자꾸만 떨어졌습니다.

"어머니, 비 때문에 호박이 제대로 열리지를 않아요."

"가루받이가 되지 않아서 그런 거란다."

"네?"

"호박은 수꽃의 꽃가루가 암꽃의 암술머리에 닿아야 해. 보통 때는 그 일을 벌이나 나비가 해 주는데……."

"아, 비가 와서 벌과 나비가 날지 못하니까 가루받이가 되지 않는 거군요."

"그래, 잘 알아냈구나!"

어머니는 앨을 꼬옥 안아 주었습니다.

학교에서 쫓겨난 일 때문에 앨은 가끔씩 어두운 얼굴을 하곤 했는데, 이 때문에 어머니는 앨이 잠시라도 즐거운 표정을 지을 수 있도록 애를 썼습니다.

앨은 양털로 만든 붓을 찾아 들었습니다.

"어디 가려고?"

"밭에요."

"왜?"

"가루받이를 해 주어야지요."

"아이고, 기특해라!"

어머니는 다시 앨을 안아 주었습니다.

앨은 밭으로 달려가 수꽃의 꽃가루를 붓에 묻혀 암술머리로 옮겼습니다.

"호박아, 잘 자라렴. 무럭무럭 자라야 해."

앨은 밭에서 살다시피 했습니다.

"그런데 어머니, 호박은 암꽃이라고 다 열매가 되지는 않는데, 토마토는 꽃이 핀 곳마다 모두 열매가 생겨요."

"그래, 잘 관찰했구나. 토마토는 암술과 수술이 한꽃에 같이 달려 있단다. 그래서 꽃이 피는 데마다 모두 열매가 맺히지."

"아, 그렇군요. 그런데 토마토에는 열매가 너무 많이 달려서 가지가 찢어지고 줄기가 쓰러지려 해요."

"그럼, 어쩌면 좋지?"

"제가 알아볼게요."

앨은 그길로 어디론가 달려나가더니 한나절이 지나도 돌아오지 않았습니다. 저녁때가 다 되어서야 앨은 기쁜 얼굴로 나타났습니다.

"어디에 갔었니? 얼마나 걱정했는지 모른다."

"죄송해요. 앞으로는 어디에 가는지 말씀 드리고 갈게요. 그런데 어머니, 제가 토마토 가꾸는 방법을 알아냈어요."

"그래, 어떻게 하면 될까?"

“무겁지 않도록 열매를 군데군데 골라서 따 주고, 또 키가 너무 크지 않도록 순도 쳐 주어야 해요.”

“아이고, 우리 아들이 많은 걸 알아 왔구나. 도대체 어디에 가서 그 중요한 걸 알아냈니?”

“이웃 마을 농장에 가서 살펴보았어요. 궁금한 것도 물어보고요.”

“아주 잘했다, 앨. 그렇게 하면 아는 것이 점점 늘어나게 된단다.”

앨은 기분이 좋아서 연신 싱글벙글했습니다.

앨의 농장에서는 채소가 아주 잘되었습니다. 채소는 인근 식당으로 모두 팔려나갔습니다. 전망 탑에서 3년 동안 번 것보다 한 해 농사로 더 많은 돈을 벌 수 있었습니다.

오르자, 하늘로

"앨, 네 열 번째 생일을 축하한다."

열 살 생일날 아침, 어머니가 책 한 권을 내밀었습니다.

"어머니, 고맙습니다! 제가 정말 알고 싶었던 것들이 많이 들어 있어요."

어머니의 선물은 파커라는 사람이 쓴 『청소년이 꼭 알아야 할 과학 실험』이라는 책이었습니다.

앨은 그날부터 밤낮없이 그 책을 읽고 또 읽었습니다.

"아버지, 저도 실험실을 만들고 싶어요."

책을 다 읽고 난 앨은 아버지에게 말했습니다.

“위험할 텐데…….”

“새로운 것을 만들어 내지 않으면 가난에서 벗어나지 못해요. 지금은 실험실이 필요한 시대란 말이에요.”

“…….”

그래도 아버지는 선뜻 내키지 않는 표정이었습니다.

“여보, 앨의 말이 옳아요.”

어머니가 거들었습니다.

“그래, 알았다.”

아버지도 마침내 허락했습니다.

앨은 뛸 듯이 기뻐하며 지하실에 실험실을 꾸몄습니다.

그날부터 앨은 책에 나오는 과학 실험 재료를 모으기 시작했습니다. 빈 병, 항아리, 철사, 납덩어리 등 실험에 필요하다고 여겨지면 무엇이나 주워 모았습니다. 용돈을 모아 실험 약품도 샀습니다. 그리고 약병에는 모두 ‘독약’이라고 써서 붙였습니다.

독약
독약
독약
독약
비등산
독약

앨에게는 마이클이라는 친구가 있었습니다.

"아니, 웬 독약이 이렇게 많아?"

"응, 일부러 그렇게 써 붙였어. 그렇게 해야 사람들이 함부로 손을 대지 않을 것 같아서."

"하하하, 너는 역시 생각이 다르구나!"

"마이클, 너 혹시 하늘을 날아 보고 싶은 생각 없니?"

"있지! 사람이면 누구나 하늘을 훨훨 날고 싶어하잖아."

"그럼, 이걸 마셔 봐."

앨은 마이클에게 약병 하나를 내밀었습니다.

마이클은 앨이 하는 말을 믿었기 때문에 별다른 의심 없이 앨이 내미는 약병을 받아 마셨습니다.

약병에는 '비등산'이라고 쓰인 종이가 붙어 있었습니다.

"비등산이 뭐야?"

"탄산수소나트륨과 타르타르산을 섞어 물에 녹인 건데, 가스를 일으키는 약이야."

"그래?"

"이 책을 좀 봐. 고무풍선에 이 가스를 넣으면 가볍게 날아오른다고 되어 있잖아."

마이클이 약을 마신 지 한참이 지났습니다.

"배 속에서 가스가 부글부글 끓어오르지 않니?"

"아니, 자꾸 방귀만 나오는데? 그리고 배가 살살 아파."

"조금만 더 기다려. 가스가 생기고 있다는 증거니까. 이제 곧 날아오르게 될 거야. 그런데 구름까지 올라가면 어떻게 하지?"

"네가 꽉 잡아 줘야 해."

"그래, 걱정 마. 하하하!"

그때, 마이클이 갑자기 배를 잡고 떼굴떼굴 굴렀습니다.

"아이고, 도저히 못 참겠다. 배가 터질 것 같아! 나 좀 살려 줘!"

이 소리를 듣고 앨의 어머니가 달려왔습니다.

"앨, 어서 가서 의사 선생님을 모셔 오너라. 나는 마이클의 속을 깨끗이 씻어 내고 있을 테니까!"

어머니는 얼른 마이클에게 설사약을 먹였습니다. 그리고 물을 많이 먹여 속을 씻어 내게 했습니다. 다행히 마이클에게는 별 탈이 없었습니다.

그러나 어머니는 몹시 화를 냈습니다. 앨은 단 한 번도 어머니에게 야단맞은 일이 없었는데, 그날은 어머니로부터 크게 혼이 났습니다.

"사람의 목숨만큼 중요한 것은 없다는 걸 명심해라. 어떤 실험이라도 사람을 다치게 해서는 안 되는 거야. 물건을 만들 때에도 마찬가지야. 네가 만드는 물건들은 모두 사람이 편리하고 잘살도록 하기 위한 것이잖니. 그러니 앞으로는 어떤 실험이라도 사람에게 해서는 안 돼!"

"알겠습니다, 어머니!"

앨이 진심으로 용서를 빌자 어머니는 눈물로 얼룩진 앨의 얼굴을 깨끗하게 닦아 주었습니다.

성공의 열쇠는 어디에

자라서 청년이 된 앨은 이제 에디슨으로 불렸습니다. 에디슨은 1863년 16세 때 기차역의 전신을 담당하는 기사가 되었고, 21세 때에는 투표 기록 장치를 발명하여 많은 돈을 벌었습니다.

에디슨은 이 돈으로 전기 기술 회사를 세우고 인쇄기, 타자기, 전신기 등을 발명했습니다. 또, 30세 때에는 축음기를 발명하고, 전구를 연구하기 시작했습니다.

"너무 눈부셔. 그리고 10분도 안 되어 모두 타 버리니……."

에디슨 전구 | 에디슨 협회가 국내에 기증하였습니다.

전화기 | 에디슨이 발명한 전화기입니다. 1878년 미국 뉴저지 주에서 특허를 받았습니다.

에디슨은 그 당시에 쓰고 있던 전등을 앞에 두고 생각에 잠겼습니다.

"이 탄소 막대를 바꾸어야겠어. 그리고 공기에 닿지 않도록 해야 해."

당시의 전등은 탄소 막대에 전기를 흘려보내 빛이 나도록 되어 있었습니다. 그런데 이 탄소 막대는 금방 밝아졌다가 이내 타 버리고 말았습니다.

"그래, 전기가 흘러도 잘 타지 않는 필라멘트를 만들고, 공기에 닿지 않게 해야 불빛이 오래 가는 거야. 어떻게 하면 그렇게 될까?"

에디슨은 불에 잘 타지 않는 필라멘트를 만들기 위해 세계 곳곳에 사람을 보내 재료로 쓸 대나무를 모으고, 여러 차례에 걸쳐 실험을 했습니다. 그리고 마침내는 지금 우리가 사용하고 있는 전구를 발명했습니다.

많은 실패를 했지만 실험을 하는 동안 전기를 보관하는 방법, 전류를 잘 흐르게 하거나 천천히 흐르게 하는 방법 등 여러 가지 기술이 쌓여 갔습니다. 이것은 나중에 라디오와 텔레비전을 만드는 기술로 발전되었습니다.

에디슨은 계속해서 전기에 대한 여러 가지를 잇달아 발명하여 마침내 전기의 힘으로 기차가 달리게 했습니다. 그 후 에디슨은 1931년에 84세의 나이로 이 세상을 떠날 때까지 잠시도 발명을 멈추지 않았습니다.

에디슨이 발명한 것은 무려 1,093가지나 되었습니다. 사람들은 에디슨을 '발명왕'이라고 불렀습니다.

어느 날, 한 신문 기자가 말했습니다.

"당신은 정말 천재입니다."

그러자 에디슨은 손을 내저으며 대답했습니다.

"아닙니다. 저는 한 번의 성공을 위해 아흔아홉 번 실험을 했을 뿐입니다."

에디슨의 삶

연대	발자취
1847년(0세)	2월 11일, 미국 오하이오 주 밀런에서 태어나다.
1854년(7세)	미시간 주 포트휴런으로 이사하다.
1855년(8세)	초등학교에 입학했으나 3개월 만에 퇴학당하고, 어머니로부터 읽기, 쓰기 등을 배우다.
1857년(10세)	화학에 흥미를 가지고 자신의 집 지하실에 실험실을 만들다.
1859년(12세)	포트휴런과 디트로이트 사이를 오가는 기차에서 신문을 팔면서 기차 안에서 화학 실험을 계속하다.
1862년(15세)	기차 안에서 『주간 헤럴드』를 발행하다. 기차 안 실험실에서 불이 나 쫓겨났으나, 역장의 아들을 구하고 전신 기술을 배우다.
1863년(16세)	캐나다 스트래트퍼드 역의 전신 기사가 되다.
1868년(21세)	투표 기록 장치를 발명하다.
1869년(22세)	포프-에디슨 전기 기술 회사를 세우고, 만능 인쇄기를 발명하다.
1870년(23세)	주식 시세 표시기를 발명하다.
1871년(24세)	타이프라이터 · 인자(印字) 전신기를 발명하다.
1875년(28세)	등사판을 발명하다.
1876년(29세)	멘로파크에 새 연구소 설치, 탄소 송화기를 이용한 전화기 발명, 메리 스틸웰과 결혼하다.
1877년(30세)	축음기를 발명하다.
1878년(31세)	백열 전구 발명을 시작하다.
1879년(32세)	백열 전구에 쓰이는 탄소 필라멘트를 발명하다.
1880년(33세)	전등 부속품을 계속해서 발명, 연구소 안에서 전기 기관차를 달리게 하다.
1882년(35세)	런던과 뉴욕에 세계 최초의 중앙 발전소를 건설하다.
1884년(37세)	아내 메리 스틸웰이 사망하다.
1885년(38세)	무선 전신을 발명하다.
1887년(40세)	뉴저지 주에 웨스트 오렌지 연구소를 설치하다.
1888년(41세)	축음기를 개량하다.
1891년(44세)	철광 회사 경영, 영화 촬영기 · 영사기를 발명하다.
1898년(51세)	시멘트 사업을 시작하다.
1900년(53세)	에디슨 축전지라 불리는 알칼리 축전지를 발명하다.
1910년(63세)	원반형 레코드를 발명하다.
1913년(66세)	활동 사진과 축음기를 조합한 '키네토 폰'을 발명하다.
1915년(68세)	미 해군고문회의 회장으로 취임하다.
1931년(84세)	10월 18일, 미국 뉴저지 주 자택에서 세상을 떠나다.

읽으며 생각하며!

1. 에디슨은 초등학교에 입학한 후 3개월 만에 퇴학을 당합니다. 이런 에디슨에게 선생님을 대신하여 읽기와 쓰기를 가르쳐 준 사람은 누구였나요?

2. 에디슨은 어린 시절, 여러 가지 채소를 길렀는데 그 가운데 토마토 열매가 많이 매달려 고민이었습니다. 에디슨은 이 문제를 어떻게 해결했나요?

"그런데 어머니, 호박은 암꽃이라고 다 열매가 되지는 않는데, 토마토는 꽃이 핀 곳마다 모두 열매가 생겨요."

"그래, 잘 관찰했구나. 토마토는 암술과 수술이 한 꽃에 같이 달려 있단다. 그래서 꽃이 피는 데마다 모두 열매가 맺히지."

"아, 그렇군요. 그런데 토마토에는 열매가 너무 많이 달려서 가지가 찢어지고 줄기가 쓰러지려 해요."

3. 초등학교 때 에디슨은 머리가 나쁘다는 이유로 학교에서 쫓겨납니다. 내가 만약 그런 일을 당한다면 기분이 어떨까요? 또, 내가 에디슨의 친구라면 쫓겨나는 그에게 어떤 말을 해 주고 싶은가요?

"앨 어머니, 저는 더 이상 앨을 가르치지 못하겠어요. 머리가 너무 나빠요. 읽기도 전혀 못 하고요."

"선생님, 그렇지 않습니다. 우리 앨은 무척이나 영리하답니다. 마음을 편하게 해 주면 분명히 또박또박 잘 읽을 거예요."

어머니는 선생님에게 앨의 특성을 말했습니다.

"아니, 그렇지 않아요. 계속 엉뚱한 질문만 할 뿐 제가 시키는 것은 전혀 따라 하지 않는군요. 앨은 머리가 너무 나빠 더는 가르칠 수 없어요."

4. 호기심이 많았던 에디슨은, 병아리를 부화시키기 위해 어미 닭처럼 달걀을 품은 적이 있었습니다. 1,093가지나 되는 에디슨의 발명품은 이러한 호기심에서 나온 것이랍니다. 만약, 에디슨에게 호기심이 없었다면 지금의 우리 생활은 어떠할지 상상해 보세요.

5. 에디슨은 열 살 때 친구를 상대로 '하늘을 날 수 있는 약'을 실험하다가 어머니에게 혼이 납니다. 에디슨을 야단친 어머니의 행동에 대해 어떻게 생각하는지, 찬성과 반대 의견으로 나누어 말해 보세요.

앨은 단 한 번도 어머니에게 야단맞은 일이 없었는데, 그날은 어머니로부터 크게 혼이 났습니다.

"사람의 목숨만큼 중요한 것은 없다는 걸 명심해라. 어떤 실험이라도 사람을 다치게 해서는 안 되는 거야. 물건을 만들 때에도 마찬가지야. 네가 만드는 물건들은 모두 사람이 편리하고 잘살도록 하기 위한 것이잖니. 그러니 앞으로 어떤 실험이라도 사람에게 해서는 안 돼!"

• 찬성 :

• 반대 :

풀이

1. 에디슨의 어머니.

2. 토마토 열매 무게 때문에 가지가 찢어지지 않도록 충실하지 못한 열매를 미리 따 내고, 줄기가 너무 자라지 않도록 순을 쳐 주었다.

3. 예시 : 학교에 가서 친구들과 함께 공부할 수 없어 속상하고 슬펐을 것이다. 하지만 공부를 잘한다고 해서 반드시 훌륭한 사람이 되는 건 아니라고 생각한다. 책을 많이 읽고, 깊이 생각하고, 끊임없이 연구하면 훌륭한 사람이 될 수 있을 것으로 믿는다. 그러므로 내가 에디슨의 친구라면, 학교에 다닐 수 없어도 열심히 노력하면 사람들로부터 존경받는 사람이 될 수 있을 거라고 말해 주고 싶다.

4. 예시 : 에디슨에게 호기심이 없었다면 사람을 좀 더 편리하게 해 줄 물건을 만들고자 하는 노력도 하지 않았을 것이다. 그랬다면 우리는 전등이 없어 촛불을 켜고 책을 읽어야 할 것이고, 재미있는 영화도 보지 못할 것이며, 멀리 있는 사람과 전화 통화도 할 수 없을 것이다.

5. 예시 : • 찬성 – 그 어떤 것도 사람의 목숨보다 중요한 것은 없는데, 당시 에디슨은 어렸기 때문에 사람에게 편리한 물건을 만드는 일에만 집중하느라 친구의 안전은 생각하지 못했다. 따라서 에디슨이 이 사실을 절대 잊지 않도록 첫 실수 때 따끔하게 혼을 내 바로잡아 준 것은 잘한 일이다.

   • 반대 – 에디슨의 발명품은 호기심에서부터 시작되었다고 할 수 있다. 사람은 누구나 실수를 할 수 있는데, 무조건 야단만 친다면 호기심과 함께 창의성도 묻혀 버리고 말 것이다. 그러므로 무섭게 야단을 치는 대신 왜 그 실험이 위험한지 부드럽게 타일러 스스로 잘못을 깨닫도록 했어야 한다.

역사 속에 숨은 위인을 만나 보세요!

B.C. 선사 시대 및 연맹 왕국 시대 | A.D. 삼국 시대 | 698 남북국 시대 | 918 고려 시대 | 1392

B.C. 고대 사회 | A.D. 375 중세 사회 | 1400

2000		고조선 건국 (B.C. 2333)	중국 황하 문명 시작 (B.C. 2500년경)	
500			인도 석가모니 탄생 (B.C. 563년경)	석가모니 (B.C. 563?~B.C. 483?)
400				
300		철기 문화 보급 (B.C. 300년경)	알렉산더 대왕 동방 원정 (B.C. 334)	
100		고조선 멸망 (B.C. 108)		
0				예수 (B.C. 4?~A.D. 30)
300	광개토 태왕 (374~412) 을지문덕 (?~?)	고구려 불교 전래 (372)	크리스트교 공인 (313) 게르만 민족 대이동 시작 (375) 로마 제국 동서로 분열 (395)	
500	연개소문 (?~666) 김유신 (595~673)	신라 불교 공인 (527)	수나라 중국 통일 (589)	
600	대조영 (?~719)	고구려 살수 대첩 (612) 신라 삼국 통일 (676) 대조영 발해 건국 (698)	이슬람교 창시 (610) 수 멸망 당나라 건국 (618)	
800	장보고 (?~846) 왕건 (877~943)	장보고 청해진 설치 (828)	러시아 건국 (862)	
900	강감찬 (948~1031)	견훤 후백제 건국 (900) 궁예 후고구려 건국 (901) 왕건 고려 건국 (918)	거란 건국 (918) 송 태종 중국 통일 (979)	
1000		귀주 대첩 (1019)	제1차 십자군 원정 (1096)	
1100		윤관 여진 정벌 (1107)		칭기즈 칸 (1162~1227)
1200		고려 강화로 도읍 옮김 (1232) 개경 환도, 삼별초 대몽 항쟁 (1270)	테무친 몽골 통일 칭기즈 칸이 됨 (1206) 원 제국 성립 (1271)	
1300	최무선 (1328~1395) 황희 (1363~1452) 세종 대왕 (1397~1450) 장영실 (?~?)	문익점 원에서 목화씨 가져옴 (1363) 최무선 화약 만듦 (1377) 조선 건국 (1392)	원 멸망 명 건국 (1368)	
1400		훈민 정음 창제 (1443)	잔 다르크 영국군 격파 (1429) 구텐베르크 금속 활자 발명 (1450)	
1500	신사임당 (1504~1551) 이이 (1536~1584) 허준 (1539~1615) 유성룡 (1542~1607)	임진 왜란 (1592~1598) 한산도 대첩 (1592)	코페르니쿠스 지동설 주장 (1543) 도요토미 히데요시 일본 통일 (1590)	
1600	한석봉 (1543~160 이순신 (1545~159 오성과 한음 (오성 1556~1618 / 한음 1561~1613)	허준 동의보 완성 (1610) 병자 호란 (1636) 상평 통보 전국 유통 (1678)	독일 30년 전쟁 (1618) 영국 청교도 혁명 (1642~164 뉴턴 만유 인력으 법칙 발견 (1665)	

조선 시대 | 1876 개화기 | 1897 대한 제국 | 1910 일제 강점기 | 1948 대한민국

근대 사회 | 1900 현대 사회

연도	한국 인물	한국 사건	세계 사건	세계 인물
1700	정약용 (1762~1836) 김정호 (?~?)	이승훈 천주교 전도 (1784)	미국 독립 선언 (1776) 프랑스 대혁명 (1789)	워싱턴 (1732~1799) 페스탈로치 (1746~1827) 모차르트 (1756~1791) 나폴레옹 (1769~1821)
1800			청·영국 아편 전쟁 (1840~1842)	링컨 (1809~1865) 나이팅게일 (1820~1910) 파브르 (1823~1915) 노벨 (1833~1896) 에디슨 (1847~1931)
1850				가우디 (1852~1926)
1860		최제우 동학 창시 (1860) 김정호 대동여지도 제작 (1861)	미국 남북 전쟁 (1861~1865)	라이트 형제 (형, 윌버 1867~1912 / 동생, 오빌 1871~1948) 마리 퀴리 (1867~1934) 간디 (1869~1948)
1870	주시경 (1876~1914) 김구 (1876~1949) 안창호 (1878~1938) 안중근 (1879~1910)	강화도 조약 체결 (1876) 지석영 종두법 전래 (1879)	베를린 회의 (1878)	아문센 (1872~1928) 슈바이처 (1875~1965) 아인슈타인 (1879~1955)
1880		갑신정변 (1884)	청·프랑스 전쟁 (1884~1885)	헬렌 켈러 (1880~1968)
1890	우장춘 (1898~1959) 방정환 (1899~1931)	동학 농민 운동, 갑오개혁 (1894) 대한 제국 성립 (1897)	청·일 전쟁 (1894~1895) 헤이그 평화 회의 (1899)	
1900	유관순 (1902~1920) 윤봉길 (1908~1932)	을사조약 (1905) 헤이그 특사 파견, 고종 퇴위 (1907)	영·일 동맹 (1902) 러·일 전쟁 (1904~1905)	
1910	이중섭 (1916~1956)	한일 강제 합방 (1910) 3·1 운동 (1919)	제1차 세계 대전 (1914~1918) 러시아 혁명 (1917)	테레사 (1910~1997) 만델라 (1918~2013)
1920		어린이날 제정 (1922)	세계 경제 대공황 시작 (1929)	마틴 루서 킹 (1929~1968)
1930	백남준 (1932~2006)	윤봉길·이봉창 의거 (1932)	제2차 세계 대전 (1939~1945)	
1940		8·15 광복 (1945) 대한민국 정부 수립 (1948)	태평양 전쟁 (1941~1945) 국제 연합 성립 (1945)	스티븐 호킹 (1942~2018)
1950	이태석 (1962~2010)	6·25 전쟁 (1950~1953)	소련 세계 최초 인공위성 발사 (1957)	오프라 윈프리 (1954~) 스티브 잡스 (1955~2011) 빌 게이츠 (1955~)
1970		10·26 사태 (1979)	제4차 중동 전쟁 (1973) 소련 아프가니스탄 침공 (1979)	
1980		6·29 민주화 선언 (1987) 서울 올림픽 개최 (1988)	미국 우주 왕복선 콜럼비아호 발사 (1981)	
1990		북한 김일성 사망 (1994)	독일 통일 (1990) 유럽 11개국 단일 통화 유로화 채택 (1998)	
2000		의약 분업 실시 (2000)	미국 9·11 테러 (2001)	

2023년 12월 25일 2판 7쇄 **펴냄**
2013년 10월 25일 2판 1쇄 **펴냄**
2008년 1월 15일 1판 1쇄 **펴냄**

펴낸곳 (주)효리원
펴낸이 윤종근
글쓴이 심후섭 · **그린이** 정선경, 원유성(표지)
사진 제공 중앙포토
등록 1990년 12월 20일 · **번호** 2-1108
우편 번호 03147
주소 서울시 종로구 삼일대로 457, 406호
전화 02)3675-5222 · **팩스** 02)765-5222

잘못 만들어진 책은 구입하신 서점에서 바꾸어 드립니다.
ISBN 978-89-281-0301-0 64990

이메일 hyoreewon@hyoreewon.com
홈페이지 www.hyoreewon.com